EXTRAIT
DU LIVRE D'OR

DU SUPRÊME CONSEIL,

POUR

L'AMÉRIQUE,

DES

PUISSANS ET SOUVERAINS

GRANDS INSPECTEURS GÉNÉRAUX,

TRENTE-TROISIÈME ET DERNIER DEGRÉ

DU RIT ÉCOSSAIS ANCIEN ET ACCEPTÉ.

———◆◆———

PARIS.

5817. — 1818.

DE L'IMPRIMERIE D'AUBRY, RUE GALANDE, N°. 63.

SUPRÊME CONSEIL

DU 33ᵉ∴ DEGRÉ,

POUR

LES POSSESSIONS FRANÇAISES D'AMÉRIQUE.

A la Gl∴ du G∴ Arch∴ de l'Un∴, et sous les auspices des Tr∴ Puiss∴ Souv∴ G∴ I∴ G∴ du 33ᵉ∴ et dernier degré du Rit écossais, ancien et accepté.

Tracé des Travaux de la Chambre symbolique du Sup∴ Cons∴, pour l'Amérique, en sa Séance tenue sous la Voûte céleste du Zénith, sur le point répondant au 48ᵉ∴ degré, 3o minutes, 14 secondes, latitude Nord, le 27ᵉ∴ jour du 9ᵉ∴ mois appelé *Thebeth*, de l'an de la V∴ L∴ 5817 (27 novembre 1817, ère chrétienne.)

LE trône est occupé à l'Est par le T∴ Ill∴ Fr∴ Tissot, G∴ Insp∴ Gén∴, Vénérable titulaire ; les deuxième et troisième maillets sont dirigés, l'un par le F∴ Amadieu, premier Surveillant d'office ; l'autre par le Fr∴ Guillemin, deuxième Surveillant titulaire ; le Fr∴ marquis de Massiac occupe, d'office, le siége de l'Orat.·. , et le Fr.·. Richard , Secrétaire titulaire de la Chambre, tient le burin.

Sous le dais , siége auprès du Vén.·. , le T.·. Ill.·. Chev.·. , Lieut.·. G.·. Comm.·. *ad vitam* , et l'intérieur des balustrades est occupé par plusieurs G.·. Insp.·. Génér.·. , princes du royal S.·. , et Vén.·. de ▭.

Les travaux sont ouverts au premier grade du Rit écossais, ancien et accepté , dans les formes voulues par le rituel de l'ordre, puis le Vén.·. fait tirer un triple Houz.·. de respect , de fidélité et de dévouement à Sa Majesté le Roi de France.

Il est ensuite donné lecture du tracé de la tenue du 23 octobre dernier (ère chrétienne), lequel est adopté sans réclamations.

Sur l'ordre du Vén.·. , une grande députation se transporte dans les parvis du Temple , pour y recevoir le Tr.·. Puiss.·. Souv.·. G.·. Comm.·. *ad vitam* , comte de Grasse , dont l'arrivée est annoncée comme devant être très-prochaine.

Bientôt son approche est signalée ; la Voûte d'acier se forme ; des sons mélodieux se font entendre ; le T.·. P.·. S.·. G.·. Comm.·. est introduit dans le Temple avec toute la solennité due à son éminente dignité. La députation qui l'avait reçu dans les parvis l'accompagne jusqu'à l'Est, où, placé près du trône, il reçoit, par l'organe du Vén.·. , les félicitations et les remercîmens de la Chambre, pour la haute faveur dont il l'honore.

Le T.·. Puiss.·. Souv.·. G.·. Comm.·. prend alors

la parole, et déclare que ses affaires civiles l'ayant temporairement éloigné de Paris et empêché de présider en personne les travaux du Sup.·. Cons.·. pour l'Amérique, il avait, par suite de faux rapports, improuvé quelques actes de son administration ; mais que des notions plus exactes lui avaient récemment apporté la conviction que ce Corps maçonnique n'avait rien fait qui dérogeât à sa dignité et au maintien de ses droits, non plus qu'aux lois de l'écossisme ; il ajoute enfin que les Ecossais le trouveront toujours à leur tête, lorsque leurs droits et libertés seront menacés.

L'enthousiasme de l'Att.·., ne reconnaissant alors plus de règles, et faisant momentanément oublier le respect dû au Souv.·. G.·. Comm.·., de vives et triples batteries écossaises couvrent son éloquent discours.

Une brillante harmonie seconde ce mouvement par l'air chéri qui exprime qu'on ne peut être mieux qu'au sein de sa famille.

Le plus profond silence succède.

Alors le Vén.·. prend la parole, et signale, tant la conduite anti-fraternelle de quelques membres influens au G.·. O.·. de France, à l'égard du Sup.·. Cons.·. pour l'Amérique, et de ses diverses sections, que la proscription dont on est menacé par l'arrêté du G.·. O.·. du   dont l'exécution a été provoquée par une circulaire subséquente.

Il ouvre ensuite la discussion sur les mesures à adopter dans cette circonstance importante, mesures qui devront être fermes et décisives, pour que de pareilles atteintes à nos droits, atteintes qui constituent une infraction formelle aux traités existans, ne puissent plus être renouvelées.

Le Tr∴ P∴ Souv∴ Gr∴ Comm∴ prend alors la présidence de l'assemblée, et occupe le trône qui lui est cédé par le Vén∴

Un Ill∴ Ch∴ Gr∴ Insp∴ Gén∴, siégeant à l'Est, prend la parole ; il développe les circonstances qui avaient donné naissance au Concordat passé en 1804 (ère vulg.), entre le Sup∴ Cons∴ pour l'Amér∴ et le Gr∴ Or∴ de France ; il explique qu'en accordant à ce corps maçonnique la direction des grades jusqu'au 18e∴ degré inclusivement, le Sup∴ Cons∴ s'était réservé la suprématie pour les grades suprérieurs ; enfin il conclut à ce qu'une détermination vigoureuse et positive soit prise pour mettre un terme aux empiétemens successifs du Gr∴ Or∴ et poser d'invariables limites.

Le Tr∴ Ill∴ Ch∴ baron de Marguerittes, Secrétaire du Saint-Empire, dépose alors sur l'autel le Livre d'Or du Sup∴ Cons∴ d'Amér∴ dès sa formation en France ; il demande qu'il lui en soit donné décharge, et se retire.

Ce Livre d'Or, monument précieux, créé par le T∴ P∴ Souv∴ Gr∴ Comm∴, passe dans ses mains, et pour éclaircir la question, il fait donner à la chambre lecture du serment dont la teneur suit :

EXTRAIT

*Du Livre d'or du T∴ P∴ S∴ G∴ C∴ ad vitam,
le Comte de* GRASSE, *Chevalier de Saint-Louis,
Officier de la Légion d'honneur, etc.*

Page 77.

Nous, *Soussignés, Membres du Grand Orient de
France, déclarons avoir reçu et accepté avec recon-
naissance, les Grades éminens de Chevalier d'Orient
ou de l'Épée, Prince de Jérusalem, Chevalier d'O-
rient et d'Occident, et Souverain Prince de R∴ C∴,
dix–huitième Grade dans la Maçonnerie au Rit ancien et accepté, des mains du T∴ P∴ et T∴ Ill∴
F∴ de Grasse-Tilly, Grand Commandeur ad vitam,
Président du Supréme Conseil du 33ᵉ dégré, ledit
Grand Conseil assemblé.*

*Jurons authentiquement sur notre parole d'honneur
et sur tous nos sermens, prononcés en face du G∴ A∴
de l'U∴ et au Supréme Conseil des Souv∴ G∴ Insp∴
Gén∴ du 33ᵉ dégré, d'*OBÉIR *audit Supréme Conseil, de faire respecter ses décrets, et de nous conduire
de manière à faire chérir et respecter l'Ordre Royal
et Militaire de la Franche Maçonnerie.*

*En foi de quoi, nous avons, de notre propre volonté,
signé le présent serment.*

*Fait à l'Or∴ de Paris, le 29ᵉ jour du 10ᵉ mois de
l'an de la V∴ L∴ 5804, ou le 29 décembre 1804.*

Signé, Roettier, fils, Geneux, Desforges, Benamé,

Noirdemange, de Nazon, Thiébault, Mabille, Michelot, Ch. Brunet, Dutronc, Harger, Desveux, Poulet, Thibault, Milliet-Stiliere, Kieulin, Achet, Mathieu, Gibert, Hébert, Bernau, Férier, Chereau, Gaume, Savin, Foraisse, Challan, Sallambier, Pajot, Riffé, Poulet, aîné, et plusieurs autres signatures illisibles.

Page 79.

Même serment pour le Grade de 33e, signé, Roettiers de Montaleau, Challan, Bacon de la Chevallerie et Burard.

Page 61.

Même serment pour le Grade de 33e, signé par le T∴ Ill∴ F∴ Thory, Trésorier du Saint-Empire, pour la France.

Page 64.

Même serment pour le Grade de 33e, signé par le T∴ Ill∴ F∴ comte de Valence.

Page 70.

Même serment pour le Grade de 33e, par le T∴ Ill∴ F∴ Pyron, Secrétaire du Saint-Empire, pour la France.

Page 72.

Même serment pour le Grade de 32e, signé par l'Ill∴ F∴ Vassal, Vén∴ de la R∴ ▭ des Sept Ecossais.

Page 74.

Même serment pour le Grade de 32e, signé de Gabriac, Dusouchet et Bernardon.

Page 106.

Même serment pour le Grade de 32ᵉ, signé, Leger-de-Bresse, Bressand et Petricony.

———————

Après la lecture de cet acte qui , mieux que tous les raisonnemens , consacre les droits du Sup.˙. Cons.˙. d'Amér.˙. , le Tr.˙. Puiss.˙. Souv.˙. Gr.˙. Comm.˙. fait offre d'une copie entière et littérale du Livre d'Or, laquelle serait par lui certifiée et servirait à fixer à jamais, dans les archives du Sup.˙. Cons.˙., les titres de sa suprématie et de ses droits.

Il quitte ensuite le trône pour siéger à l'Est, et il est remplacé par le Vén.˙., lequel remercie, au nom de l'Att.˙., le Souv.˙. Gr.˙. Comm.˙. de ce nouveau témoignage d'intérêt de déférence et d'affection.

En sa qualité de Représentant particulier de la Resp.˙. L.˙. des défenseurs de Guillaume et de la Patrie, à l'Or.˙. de Bruxelles, le Fr.˙. Bretel siégeant à l'Est, demande et obtient la parole. Il annonce que les liaisons d'intimité existantes entre S. A. S. le duc de Saxe Weymar et le T.˙. P.˙. Souv.˙. Gr.˙. Comm.˙., ont déterminé ce dernier à accorder des constitutions pour le Rit Ecossais à divers FF.˙. de la plus haute distinction à l'Or.˙. de Bruxelles, avec institution de Chapitre , Aréopage , Tribunal , Consistoire et Sup.˙. Cons.˙.

Il annonce aussi que deux nouvelles L☐ ont été

formées, l'une à Gand sous la dénomination de L☐ écossaise des amis du Roi et de la Patrie, présidée par le duc de Saxe Weymar; l'autre à Nimègue sous le titre distinctif des Amis Réunis. Il demande que mention soit faite de cette annonce dans la planche des travaux de ce jour, et qu'il lui en soit délivré des extraits pour être envoyés aux susdits Att.·. , ce qui est ordonné.

Le Fr.·. Bretel ajoute que le Tr.·. Ill.·. Fr.·. Hoffmann, présent aux travaux et siégeant à l'Est, a été nommé Représentant Général du Sup.·. Cons.·. de Bruxelles auprès du Sup.·. Cons.·. pour les possessions françaises d'Amérique à l'Or.·. de Paris.

Rentrant ensuite dans la discussion principale, il l'éclaire par de longs développemens, et prend au fond les conclusions mentionnées en l'arrêté ci-après.

Dans un tracé non moins énergique qu'éloquent, l'Ill.·. Fr.·. Langlois de Chalaugé expose ensuite la conduite anti-fraternelle d'une minorité avide et ambitieuse de laquelle sont émanés les actes de proscription publiés au nom du Gr.·. Or.·. de France, et prend des conclusions analogues à celles de l'Orat.·. qui l'a précédé. Cette pièce d'architecture, ayant obtenu les suffrages et les applaudissemens unanimes de l'Att.·. , l'impression en a été demandée tant à l'Est que sur les colonnes.

Les conclusions prises sont appuyées par le Fr.·. premier Surveillant, et la Chambre consultée, arrête à la presqu'unanimité :

1°. Que le Livre d'Or serait déposé entre les mains du Tr.˙. Ill.˙. L.˙. Gr.˙. Comm.˙., et que l'extrait qui en a été lu en cette tenue serait buriné et adressé à toutes les L.˙. et Chap.˙. des deux hémisphères ;

2°. Qu'il serait procédé, séance tenante, à la nomination d'une Commission spéciale chargée, tant de surveiller la copie authentique et littérale à prendre du Livre d'Or, pour être placée dans les archives du Sup.˙. Cons.˙., que de réunir les autres actes et pièces à opposer aux prétentions nouvelles du Gr.˙. Or.˙. de France, travail qui sera ultérieurement soumis au Sup.˙. Cons.˙. d'Amér.˙. sections réunies, puis livré à l'impression.

Sur la proposition du Tr.˙. Puiss.˙. Souv.˙. Gr.˙. Comm.˙., sont nommés membres de ladite commission, les FF.˙.

J. B. M. DELAHOGUE, Lieut.˙. G.˙. C.˙. Pr.˙.;

De MAGHELLEN, Président du Consistoire;

AMADIEU, Président du Tribunal du 31e.˙. ;

RUFFIN, 33e.˙.;

LANGLOIS de CHALANGÉ, 33e.˙.;

CONSEIL, 32e.˙.;

RICHARD, Secr.˙. Adj.˙. du St.˙. Emp.˙., 33e.˙.;

Le Vén.˙. annonce, à l'avance, que les signatures qui seront spontanément apposées sur la feuille de présence qui va circuler, équivaudront à une confirmation du serment de fidélité à l'Ecossisme et au Sup∴ Cons∴ pour l'Amérique.

Les premières signatures qui la décorent, sont celles du Tr∴ Puiss∴ Gr∴ Comm∴ et de son Lieutenant.

Pendant qu'elle circule, tant à l'Est que sur les colonnes, des sons harmonieux se font entendre et ajoutent aux douceurs de cette fraternelle réunion.

Plus de cent signatures couvrent la feuille et attestent le dévouement des Ecossais.

Le sac des propositions, revenu à l'autel après avoir parcouru les quatre points cardinaux de l'Att∴, n'en renferme aucune, et le produit du tronc de bienfaisance, montant à   est mis entre les mains du Fr∴ Hospitalier.

Le Vén∴ suspend ensuite les travaux, après avoir invité l'assemblée à passer dans la salle des banquets.

L∴ de Table.

Une harmonie militaire et brillante annonce l'arrivée du Tr∴ Puis∴ Souv∴ Gr∴ Comm∴ qui entre dans la salle des banquets, suivi du Lieut∴ Gr∴ Comm∴, des Offic∴ Dign∴ de la Chambre symb∴, des Gr∴ Insp∴ Gén∴, des FF∴ Vis∴ Vén∴ de L∴, et des autres FF∴ Tous prennent place selon leurs rangs, offices et dignités, puis se livrent décemment aux travaux de la mastication, ainsi qu'aux douceurs de la paix et de l'amitié.

La première santé, suivie de vives et triples batte-

DISCOURS

PRONONCÉ

PAR LE F∴ LANGLOIS DE CHALANGÉ.

T∴ P∴ S∴ G∴ C∴ , Officiers dignitaires , èt vous tous , mes FF∴

Depuis long-tems les Maçons écossais luttent contre l'oppression dont ils ont été tour-à-tour menacés ou atteints ; jamais ils ne s'étaient trouvés dans une position plus critique ; jamais aussi leur bannière ne fut mieux entourée.

J'aperçois ici une réunion nombreuse et brillante, dans laquelle je ne distingue que des bons et loyaux Francs-Maçons, presque tous proscrits par le Gr∴ Or∴ de France, qui vient de lancer contre eux un anathême, parce qu'ils ne veulent pas devenir parjures à leurs sermens. Je vais prendre la liberté d'examiner si, dans la circonstance où nous nous trouvons, la conduite du Gr∴ Or∴ est bien maçonnique, et si ses procédés, à notre égard, sont fraternels.

Qu'est-ce que le Gr∴ Or∴ de France ? me demandait, il y a quelques mois, un profane qui en avait entendu parler. C'est, lui répondis-je, une réunion d'hommes éclairés, formant une diète maçonnique chargée, par ses statuts, de maintenir l'or-

improvisée, par laquelle le Vén.·. invite l'Att.·. à n'abandonner jamais les principes de douceur, de tolérance et de fraternité qui distinguent les vrais enfans de l'Ecossisme. Il rappelle au souvenir de tous les FF.·. qu'il faut pratiquer l'oubli des injures en rendant le bien pour le mal, et il termine en joignant spécialement la santé des membres du Gr.·. Or.·. de France, à celle de tous les Maçons répandus sur les deux hémisphères. Cette santé est portée avec le feu le plus maçonnique ; la Chaîne d'Union se forme ; le Cantique d'usage s'entonne en chœur aux sons d'une brillante harmonie, puis les travaux se ferment avec les solennités du Rit, minuit plein, et tous les FF.·. se retirent en paix.

DISCOURS

PRONONCÉ

PAR LE F∴ LANGLOIS DE CHALANGÉ.

*T∴ P∴ S∴ G∴ C∴ , Officiers dignitaires , et
vous tous , mes FF∴*

Depuis long-tems les Maçons écossais luttent contre
l'oppression dont ils ont été tour-à-tour menacés ou
atteints ; jamais ils ne s'étaient trouvés dans une position plus critique ; jamais aussi leur bannière ne
fut mieux entourée.

J'aperçois ici une réunion nombreuse et brillante ,
dans laquelle je ne distingue que des bons et loyaux
Francs-Maçons , presque tous proscrits par le Gr∴
Or∴ de France , qui vient de lancer contre eux un
anathême , parce qu'ils ne veulent pas devenir parjures à leurs sermens. Je vais prendre la liberté d'examiner si, dans la circonstance où nous nous trouvons,
la conduite du Gr∴ Or∴ est bien maçonnique , et
si ses procédés , à notre égard , sont fraternels.

Qu'est-ce que le Gr∴ Or∴ de France ? me demandait , il y a quelques mois , un profane qui en
avait entendu parler. C'est , lui répondis - je , une
réunion d'hommes éclairés , formant une diète maçonnique chargée , par ses statuts , de maintenir l'or-

(14)

dre et l'harmonie entre les Loges et les Maçons qui
les composent ; de leur donner l'exemple de la bienfaisance, de la philantropie et sur-tout de la tolérance.

Si l'on m'adressait aujourd'hui une question pa-
reille, je vous le demande, mes FF∴, pourrais-je
répondre de même ?

Des circonstances majeures forcèrent, il y a 14 ans,
les membres du Sup∴ Cons∴ pour l'Amérique,
d'abandonner les colonies et de venir en France, où
ils ont reçu et reçoivent encore des secours du Gou-
vernement.

Les premiers chefs de ce Sup∴ Cons∴ croyaient,
en revenant dans leur mère-patrie, recevoir de leurs
FF∴ l'accueil et les consolations qu'ils avaient le
droit d'en attendre ; ils avaient perdu leur fortune au-
delà du Tropique ; et leurs parchemins maçonniques,
ainsi que les titres qu'ils leur conféraient, étaient les
seules propriétés qu'ils possédassent.

En effet, pendant quelques années, on les laissa
jouir en paix de leurs prérogatives, et on les re-
connut dans leurs grades et qualités.

Ils créèrent, en vertu de leurs pouvoirs, un Sup∴
Cons∴ du 33e. degré pour la France, et le Concordat, qui devait ne faire du Conseil pour l'Amérique
et de celui pour la France qu'un seul et même
corps, fut signé le 5 décembre 1804, dans l'hôtel de
M. le maréchal Kellermann, et ratifié le 9 du même
mois par les deux Corps réunis, dans le local même
où siége aujourd'hui le Gr∴ Or∴ de France. Les
Ill∴ FF∴ de Grasse-Tilly, notre T∴ P∴ Souv∴

G∴ Com∴, et Roettiers de Montaleau prétèrent alors leurs sermens ; le premier comme représentant particulier du G∴ M∴ pour le régime ancien et accepté ; l'autre en la même qualité pour le régime français.

Tout semblait, à cette époque, sourire à la prospérité de l'ordre royal en France, et à la propagation des hautes sciences de la maçonnerie ; la discorde fuyait épouvantée de l'attitude que nous venions de prendre ; chaque chose était à sa place ; le Gr∴ Or∴ devait régir les Maçons français jusqu'au 7e∴ degré de son Rit, ou jusqu'au 18e∴ du nôtre ; et par suite des concessions que nous fîmes par le concordat ci-dessus mentionné, le Sup∴ Cons∴ pour la France eut le régime des hauts grades ; mais alors le Sup∴ Cons∴ pour l'Amérique était confondu avec lui, et la plus parfaite intelligence régnait entre ces deux autorités.

Huit ans s'écoulèrent sans que leur union fût troublée, et il ne se passa rien de bien important pour notre ordre, si ce n'est qu'en 1809, le 9 mars, notre S∴ Gr∴ Comm∴ créa, à Milan, un Sup∴ Cons∴ du 33e∴ degré, et qu'il en fonda un autre à Madrid en 1811, le 4 juillet.

Les Sup∴ Cons∴ de Milan et de Madrid ne furent pas plutôt installés, qu'ils s'empressèrent de nous envoyer des diplômes des membres honoraires ; cela donna lieu, pour la première fois, à des réunions particulières des membres du Suprême Conseil d'Amérique.

Quelques Maçons, irrégulièrement promus aux hauts grades écossais, profitèrent de cette circons-

tance pour se faire régulariser , formalité qu'on crut
ne devoir refuser , ni à leur zèle maçonnique , ni à
leurs qualités civiles.

En 1812 , le Sup.·. Cons.·. de France demanda au
Sup.·. Cons.·. d'Amérique le Livre d'Or du Comte
de Grasse ; le Lieut.·. Gr.·. Comm.·. assemble le
Conseil , et après une mûre délibération , le dépôt
du Livre d'Or est refusé.

A la fin de cette même année 1812 , le Sup.·.
Cons.·. de France fait imprimer un Bal.·., où , pour
la première fois , les noms de Gr.·. Insp.·. Gén.·.
pour l'Amérique ne se trouvent point à la suite de
ceux pour la France.

Réclamation vigoureuse des membres du Conseil
d'Amérique.

Au commencement de 1813, réponse du Suprême
Conseil de France qui proteste de son attachement
aux Gr.·. Insp.·. Gén.·. d'Amérique, et déclare que
l'omission de leurs noms sur le Bal.·. précité tient
à une *mesure d'ordre.*

Le Sup.·. Cons.·. d'Amérique continue ses travaux , et pour leur donner plus de régularité , il se
divise en six sections.

Les événemens de 1814 nous rendent notre Tr.·.
Puiss.·. Souv.·. Gr.·. Comm.·. Il approuve tous les
actes de ses FF.·. et l'organisation donnée au Sup.·.
Cons.·. Il entre en correspondance avec celui de
France pour une réunion tant desirée. Des députa-
tions sont envoyées. Le 20 mars arrive avec le siècle
des cent jours ; tout est arrêté !......

Vers la fin de 1815 , des motifs de jalousie ou

d'ambition engagèrent le Gr∴ Or∴ à envahir nos droits et ceux du Sup∴ Cons∴ pour la France. Le Gr∴ Or∴ déclara despotiquement qu'il réunissait à lui tous les Rits et s'érigea en conseil du 33e∴ degré.

Remarquez bien, mes FF∴, que c'est ici l'époque de son usurpation, et que dans cette circonstance, il enfreignit le concordat du 6 juillet 1809, qui stipulait que le Sup∴ Cons∴ du 33e∴ degré aurait une existence indépendante et séparée du Gr∴ Or∴. Je me rappelle même avoir vu, sur une protestation contre cet acte despotique, la signature de l'un des chefs actuels du Gr∴ Or∴.

Certes, je suis loin de vouloir porter atteinte à sa suprématie : j'en connais l'étendue ainsi que les limites, et je la respecte, mais elle ne détruit pas la nôtre, et je demande quels sont les droits du Gr∴ Or∴ sur nous ? Nous sommes Maçons américains réfugiés en France, et loin de vouloir ébranler la puissance du G∴ Or∴, nous avons toujours desiré de resserrer les liens qui auraient constamment dû nous unir et qu'il vient de rompre avec tant d'éclat.

Pour lui prouver le désir que nous avions de conserver la paix et l'harmonie, il y a environ cinq mois que notre Consistoire adressa au Gr∴ Or∴ un Bal∴ dans lequel nous manifestions notre volonté bien prononcée de ne faire de tous les Maçons qu'une seule et même famille. Notre Suprême Conseil toléra cet acte et permit à ses sections inférieures de faire tous les sacrifices possibles pour le bonheur commun.

Le croirez-vous, mes FF.·.? Nous ne reçûmes du Gr.·. Or.·. qu'une réponse aussi dure qu'inconvenante! Cela ne nous découragea point ; nous répliquâmes avec dignité, sans cependant oublier que nous étions impétrans, mais sur cette nouvelle tentative de conciliation, le Gr.·. Or.·. garda le silence.

Une bulle d'excommunication, lancée du tribunal d'inquisition de la rue du Four Saint-Germain, n°. 47, et récemment envoyée aux Att.·. régis par le Gr.·. Or.·., porte à la fois le cachet de l'intolérance, celui de l'ambition et celui de la méchanceté.

L'intolérance, en ce qu'on nous interdit l'entrée des Loges sous la dépendance du Gr.·. Or.·., parce que, fidèles à nos sermens, nous ne voulons pas renoncer à nos droits, nous séparer de notre Ill.·. Souv.·. Gr.·. Comm.·. et abandonner les drapeaux de l'Ecossisme. Hé quoi! la diète maçonnique de France ne s'aperçoit-elle pas qu'elle s'écarte ainsi des sermens qu'elle a fait, et se rapproche du système en vigueur lors de cette époque désastreuse où l'on arracha de leurs autels les ministres qui révendiquèrent les droits de leur auguste chef, et ne voulurent pas se soumettre aux lois de leurs persécuteurs et des ennemis de la religion?

Nous marquer du sceau de la réprobation, parce que nous voulons conserver le titre de Sup.·. Cons.·. pour l'Amérique, que le Gr.·. Or.·. ne peut nous contester, n'est-ce pas prouver son despotisme? Dire que nous nous décorons de titres pompeux et ne pas craindre de prendre celui de *sénat* ; usurper le droit incontestable que nous avons d'élever des Maçons aux hauts grades , n'est-ce pas prouver son ambition ? Enfin désigner nominativement comme irrégulier l'un de nos frères ; le signaler ainsi à toute la France parce qu'il nous reçoit dans son local , n'est-ce pas pousser jusqu'au dernier point la méchanceté ?...

« Tant de fiel entre-t-il dans le cœur des Maçons ? »

Le Gr∴ Or∴ , dans son troisième considérant de l'arrêté pris par lui le 7°. jour du 8°. mois de la présente année , se sert de ces expressions : « *Les réu-* » *nions irrégulières que des motifs inconnus déter-* » *minent à se placer hors la surveillance du* Gr∴ « Or∴ *de France.* »

Il ne nous est pas difficile d'interpréter le sens de ces paroles ; on veut nous rendre suspects aux yeux de la police : tous les moyens sont bons pour parvenir au but ; mais puisque la justice règne , la calomnie ne peut nous atteindre.

Le G∴ Or∴ avait précédemment dit (Ext. de ses Travaux, séance du 8°. jour du 6°. mois 5817) ; « Considérant, etc. , etc. , que la tolérance dont il a » cru devoir user jusqu'à ce moment , loin de remplir » son objet en ramenant les réfractaires , *n'a servi* » *qu'à les encourager dans le trafic honteux de la* » *maçonnerie.* »

Et c'est le Gr∴ Or∴ qui tient un pareil langage ! Lui !.....

« Vous l'entendez , grands dieux ! »

Arrêtons-nous ici , mes FF∴ , et ne dépassons

point les bornes d'une légitime défense ; nous avons
rempli notre devoir et n'avons rien à nous reprocher ;
il nous reste cependant encore deux choses à faire,
l'une, de pardonner à ceux qui nous repoussent de
leur sein ; l'autre de conjurer avec calme la tempête
qui gronde sur nos têtes ; et pour mieux resserrer nos
liens, il faut renouveler en ce jour le serment qui
nous unit à jamais et répéter tous ensemble : vivent
les Maçons écossais ! Vivent les Maçons français !
Vivent enfin tous les enfans de la Veuve !

ARRÊTÉ DE LA COMMISSION.

Les membres composant la commission nommée
dans la séance solennelle du Sup.·. Cons.·. d'Amé-
rique, du 27e. jour du 9e. mois 5817, et réunis
sous la présidence du Tr.·. Ill.·. Lieut.·. Gr.·. Com.·.
Delahogue ;

Considérant, 1°. que les statuts généraux de l'Ordre sur les deux hémisphères respirent des sentimens de tolérance, dont nul Maçon ne peut s'écarter
sans devenir parjure à ses sermens ;

2°. Que le serment prêté par environ quarante
membres du Gr.·. Or.·. de France au Sup.·. Cons.·.
du 33e.·. degré, constaterait suffisamment les droits
de ce dernier, quand bien même ils ne seraient pas
authentiquement établis par les constitutions déli-
vrées au Tr.·. Ill.·. Souv.·. Gr.·. Comm.·. Comte de
Grasse, à Charlestown (Caroline du Sud) le 12 fé-

vrier 1802, ère vulgaire, titres qui consacrent ses pouvoirs d'une manière imprescriptible;

3o. Que le Gr.·. Or.·., avant l'arrivée en France du Sup.·. Cons.·. d'Amérique, ne régissait les L.·. et les Maçons qui les composent, que jusqu'au grade de R.·. C.·. inclusivement, et que les grades supérieurs lui étaient étrangers;

4o. Enfin, que l'arrêté du G.·. Or.·., en date du 7e.·. jour du 8e.·. mois 5817 est tellement anti-maçonnique, qu'il cause en ce moment, parmi les membres de la grande famille, un schisme d'autant plus préjudiciable à l'Ordre en général, qu'il excite des discussions, des querelles et même des divisions qui n'auraient jamais existé, si la philantropie eût été la base de tous les actes du G.·. Or.·.;

Ont arrêté, à l'unanimité, ce qui suit, comme étant l'expression des sentimens et des vœux de tous les Écossais qui composent les diverses sections du Suprême Conseil.

Art.·. premier.

Toutes les sections du Sup.·. Cons.·. déclarent qu'elles ne reconnaissent pour chef de leur Rit que le Tr.·. Ill.·. et Tr.·. Puissant Souv.·. Gr.·. Comm.·., ad vitam, le comte de Grasse-Tilly, chevalier de Saint-Louis, officier de la Légion-d'Honneur, etc., etc.; qu'elles lui obéiront tant qu'il ne leur prescrira rien de contraire aux statuts de l'Ecossisme, et tant que sa conduite maçonnique et civile sera telle qu'elle a été jusqu'à présent, c'est-à-dire celle d'un bon

Maçon, d'un homme d'honneur, attaché à ses principes et fidèle à sa patrie ainsi qu'à l'Auguste Prince
qui régne sur la France.

Art∴ 2.

Le Sup∴ Cons∴ du 33e∴ degré voulant se ren-
fermer dans ses attributions et ne pas imiter l'intolérance du Gr∴ Or∴, déclare qu'il recevra dans son
sein tous les Maçons qui justifieront avoir été légale-
ment initiés, quelque soit le Rit qu'ils professent.

Art∴ 3.

Le Sup∴ Cons∴, animé du desir le plus vif
d'entretenir l'harmonie et l'union entre les Maçons de
tous les Rits, invite le Gr∴ Or∴ à ra pporter les
actes émanés de lui en date des 8e∴ jour du 6e∴ mois
et 7e∴ jour du 8e∴ mois, dont la publication a fait
naître tant de fermens de discorde qui ne peuvent que
saper les fondemens d'une aussi respectable institution
que celle de la Franche-Maçonnerie en France.

Art∴ 4.

Dans le cas où, contre toute attente, le Gr∴ Or∴
demeurerait sourd à cette invitation qui n'a pour but
que celui de ne point rompre les liens de fraternité
qui doivent exister dans l'association maçonnique,
le Sup∴ Cons∴ se réserve de prendre telle mesure
qu'il appartiendra pour maintenir et faire respecter
son indépendance et ses droits.

Art∴ 5.

Le présent arrêté sera soumis à l'approbation de
outes les sections du Sup∴ Cons∴ réunies.

Fait, délibéré et arrêté à Paris, le 5°∴ jour du
10°∴ mois de l'an de la V∴ L∴ 5817 (5 décembre 1817, ère vulgaire).

EXTRAIT

Du tracé des travaux de la Chambre Symbolique
du Sup∴ Cons∴ pour l'Amérique, en sa séance
du 24°∴ jour du 10°∴ mois de l'an de la V∴
L∴ 5817 (24 décembre 1817, ère chrétienne.)

« Il est donné lecture, tant du tracé de la tenue
» du 27 novembre dernier, que de la pièce d'archi-
» ture lue par le F∴ Langlois de Chalangé, en la
» même séance, et enfin, d'un arrêté du 5 décembre
» présent mois, ère vulgaire, pris par la commission
» nommée en la susdite séance du 27 novembre
» précédent. »

« Sur la proposition d'un membre, et conformé-
» ment aux conclusions de l'Or∴, les sections du
» Sup∴ Cons∴ pour l'Amérique, réunies en sa
» Chambre Symbolique, prennent à l'unanimité l'ar-
» rêté suivant :

Art∴ premier.

Sont approuvés et seront imprimés au nombre de
trois mille exemplaires,

1°. Le tracé de la séance solennelle du Sup∴
Cons∴ du 27 novembre 1817, ère chrétienne ;

(24)

2°. La pièce d'architecture lue par le Fr.·. Langlois de Chalangé ;

3°. L'arrêté de la commission du 5 décembre présent mois.

Art.·. 2.

L'envoi de ces pièces, en nombre suffisant d'exemplaires, sera fait, à la diligence des présidens des diverses sections du Sup.·.Cons.·., tant au Gr.·. Or.·. de France, qu'aux Sup.·. Cons.·. et Gr.·. Or.·. étrangers et à toutes les L.·., Chap.·. et autres Att.·. de la correspondance.

Pour Copies et Extraits, certifiés
conformes :

Signés

J. B. M. DELAHOGUE ; Lieut.·. G.·. Comm.·. ad vitam ;

De MAGHELLEN, Prés.·. du Consistoire, 33e.·. ;

AMADIEU, Prés.·. du Trib.·. des Gr.·. Insp.·. Inq.·. C.·., 33e.·. ;

HEUREAUX jeune, Prés.·. de l'Aréopage des Ch.·. K.·. H.·., 33e.·. ;

GILLY, Atherzata de la Chamb.·. Cap.·., 33e.·. ;

TISSOT, Vén.·. de la Chamb.·. Symb.·., 33e.·. ;

Vu et approuvé,

Le G.·. Comm.·. ad vitam,

Signé, LE Comte de GRASSE.

Par Commandement,
L'Adjoint au Secrétaire du St.·. Emp.·.
RICHARD, 33e.·.

www.ingramcontent.com/pod-product-compliance
Lightning Source LLC
LaVergne TN
LVHW051333200726
843510LV00002B/630